	Date	Notes			

	Date	Notes	Debit	Credit	Balance

	Date	Notes	Debit	Credit	Balance

	Date	Notes	Debit	Credit	Balance

	Date	Notes	Debit	Credit	Balance

	Date	Notes	Debit	Credit	Balance

	Date	Notes	Debit	Credit	Balance

	Date	Notes	Debit	Credit	Balance

	Date	Notes	Debit	Credit	Balance

	Date	Notes	Debit	Credit	Balance

	Date	Notes	Debit	Credit	Balance

	Date	Notes	Debit	Credit	Balance

	Date	Notes	Debit	Credit	Balance

	Date	Notes	Debit	Credit	Balance

	Date	Notes	Debit	Credit	Balance

	Date	Notes	Debit	Credit	Balance

	Date	Notes	Debit	Credit	Balance

	Date	Notes	Debit	Credit	Balance

	Date	Notes	Debit	Credit	Balance

	Date	Notes	Debit	Credit	Balance

	Date	Notes	Debit	Credit	Balance

	Date	Notes	Debit	Credit	Balance

	Date	Notes	Debit	Credit	Balance

	Date	Notes	Debit	Credit	Balance

	Date	Notes	Debit	Credit	Balance

	Date	Notes	Debit	Credit	Balance

	Date	Notes	Debit	Credit	Balance

	Date	Notes	Debit	Credit	Balance

	Date	Notes	Debit	Credit	Balance

	Date	Notes	Debit	Credit	Balance

	Date	Notes	Debit	Credit	Balance

	Date	Notes	Debit	Credit	Balance

	Date	Notes	Debit	Credit	Balance

	Date	Notes	Debit	Credit	Balance

	Date	Notes	Debit	Credit	Balance

	Date	Notes	Debit	Credit	Balance

	Date	Notes	Debit	Credit	Balance

	Date	Notes	Debit	Credit	Balance

	Date	Notes	Debit	Credit	Balance

	Date	Notes	Debit	Credit	Balance

	Date	Notes	Debit	Credit	Balance

	Date	Notes	Debit	Credit	Balance

	Date	Notes	Debit	Credit	Balance

	Date	Notes	Debit	Credit	Balance

	Date	Notes	Debit	Credit	Balance

	Date	Notes	Debit	Credit	Balance

	Date	Notes	Debit	Credit	Balance

	Date	Notes	Debit	Credit	Balance

	Date	Notes	Debit	Credit	Balance

	Date	Notes	Debit	Credit	Balance

	Date	Notes	Debit	Credit	Balance

	Date	Notes	Debit	Credit	Balance

	Date	Notes	Debit	Credit	Balance

	Date	Notes	Debit	Credit	Balance

	Date	Notes	Debit	Credit	Balance

	Date	Notes	Debit	Credit	Balance

	Date	Notes	Debit	Credit	Balance

	Date	Notes	Debit	Credit	Balance

	Date	Notes	Debit	Credit	Balance

	Date	Notes	Debit	Credit	Balance

	Date	Notes	Debit	Credit	Balance

	Date	Notes	Debit	Credit	Balance

	Date	Notes	Debit	Credit	Balance

	Date	Notes	Debit	Credit	Balance

	Date	Notes	Debit	Credit	Balance

	Date	Notes	Debit	Credit	Balance

	Date	Notes	Debit	Credit	Balance

	Date	Notes	Debit	Credit	Balance

	Date	Notes	Debit	Credit	Balance

	Date	Notes	Debit	Credit	Balance

	Date	Notes	Debit	Credit	Balance

	Date	Notes	Debit	Credit	Balance

	Date	Notes	Debit	Credit	Balance

	Date	Notes	Debit	Credit	Balance

	Date	Notes	Debit	Credit	Balance

	Date	Notes	Debit	Credit	Balance

	Date	Notes	Debit	Credit	Balance

	Date	Notes	Debit	Credit	Balance

	Date	Notes	Debit	Credit	Balance

	Date	Notes	Debit	Credit	Balance

	Date	Notes	Debit	Credit	Balance

	Date	Notes	Debit	Credit	Balance

	Date	Notes	Debit	Credit	Balance

	Date	Notes	Debit	Credit	Balance

	Date	Notes	Debit	Credit	Balance

	Date	Notes	Debit	Credit	Balance

	Date	Notes	Debit	Credit	Balance

	Date	Notes	Debit	Credit	Balance

	Date	Notes	Debit	Credit	Balance

	Date	Notes	Debit	Credit	Balance

	Date	Notes	Debit	Credit	Balance

	Date	Notes	Debit	Credit	Balance

	Date	Notes	Debit	Credit	Balance

	Date	Notes	Debit	Credit	Balance

	Date	Notes	Debit	Credit	Balance

	Date	Notes	Debit	Credit	Balance

	Date	Notes	Debit	Credit	Balance

	Date	Notes	Debit	Credit	Balance

	Date	Notes	Debit	Credit	Balance

	Date	Notes	Debit	Credit	Balance

	Date	Notes	Debit	Credit	Balance

	Date	Notes	Debit	Credit	Balance

	Date	Notes	Debit	Credit	Balance

	Date	Notes	Debit	Credit	Balance

	Date	Notes	Debit	Credit	Balance

	Date	Notes	Debit	Credit	Balance

	Date	Notes	Debit	Credit	Balance

	Date	Notes	Debit	Credit	Balance

	Date	Notes	Debit	Credit	Balance

	Date	Notes	Debit	Credit	Balance

Made in the USA
Middletown, DE
28 August 2024

59950036R00066